Sophie Helle-Feldmann

Vergleich der Frauenfigur "Ilse" aus Frank Wedekinds Drama "Frühlings Erwachen" und "Doris" aus Irmgard Keuns Roman "Das kunstseidene Mädchen"

GRIN Verlag

**Bibliografische Information der Deutschen Nationalbibliothek:**

Die Deutsche Bibliothek verzeichnet diese Publikation in der Deutschen National-
bibliografie; detaillierte bibliografische Daten sind im Internet über http://dnb.d-
nb.de/ abrufbar.

**Impressum:**

Copyright © 2012 GRIN Verlag GmbH
Druck und Bindung: Books on Demand GmbH, Norderstedt Germany
ISBN: 978-3-656-31149-2

**Dieses Buch bei GRIN:**

http://www.grin.com/de/e-book/203057/vergleich-der-frauenfigur-ilse-aus-frank-
wedekinds-drama-fruehlings

**GRIN - Your knowledge has value**

Der GRIN Verlag publiziert seit 1998 wissenschaftliche Arbeiten von Studenten, Hochschullehrern und anderen Akademikern als eBook und gedrucktes Buch. Die Verlagswebsite www.grin.com ist die ideale Plattform zur Veröffentlichung von Hausarbeiten, Abschlussarbeiten, wissenschaftlichen Aufsätzen, Dissertationen und Fachbüchern.

**Besuchen Sie uns im Internet:**

http://www.grin.com/

http://www.facebook.com/grincom

http://www.twitter.com/grin_com

## Inhaltsverzeichnis

# 1. Einleitung

„Frühlings Erwachen" und „Das kunstseidene Mädchen" – bereits die Titel der Werke von Frank Wedekind und Irmgard Keun strahlen eine lebensfrohe und frühlingshafte Wärme aus. Ebenso die Protagonistinnen: Ilse und Doris – zwei junge Frauen, die ihr Leben genießen, sich nicht entmutigen lassen und deren Lebensfreude ein Sonnenstrahl in dem Herzen des Lesers ist.

In der folgenden Ausarbeitung werde ich die beiden lebensmunteren Frauen miteinander vergleichen. Den Schwerpunkt wird hierbei das Verhältnis zwischen den Protagonistinnen und der Gesellschaft bilden, um die Rolle, welche ihnen in dieser zukommt, nachvollziehen zu können. Aus diesem Grund werde ich untersuchen, ob sich ihre Lebensentwürfe mit den gesellschaftlichen Frauenbildern vereinbaren lassen, welche Rolle Männer in ihrem Leben einnehmen und ob sie emanzipiert sind oder als gesellschaftliche Außenseiterinnen gesehen werden können.

# 2. Inhaltsangaben

## 2.1 „Das kunstseidene Mädchen"

Irmgard Keuns 1932 erschienener Zeitroman „Das kunstseidene Mädchen"[1] thematisiert die „medial produzierten Aufstiegsträume der Weimarer Republik und die sich in ihnen ausdrückenden Glücksversprechen des modernen, großstädtischen Amüsierbetriebs".[2]

Doris, die uneheliche Tochter einer Garderobiere, möchte aus ihrem Milieu aufsteigen. Die Beweggründe der Achtzehnjährigen liegen sowohl in ihrer niedrigen sozialen Herkunft und der perspektivarmen Zukunft für Stenotypistinnen als auch in dem Abschied von ihrem Freund Hubert, der sie für bessere Karrierechancen mit einer Professorentochter verlässt.

Da sie sich gegen die Aufdringlichkeiten ihres Vorgesetzten in dem kleinen Anwaltsbüro, in welchem sie arbeitet, zur Wehr setzt, wird ihr gekündigt. Durch Beziehungen ihrer Mutter erhält sie eine Statistenrolle im Theater der kleinen Provinz und beschließt, ein „Glanz" zu werden. Ihre dort gesponnenen Intrigen drohen jedoch zu eskalieren, weshalb sie die Flucht ergreift und hierbei kurzerhand einen stattlichen Pelzmantel entwendet, durch welchen alle Voraussetzungen erfüllt zu sein scheinen, um ein „Glanz" werden zu können. Voller Illusionen, Ehrgeiz und mit einer nüchtern-pragmatischen Einstellung setzt sie sich nach Berlin ab. Ohne Arbeit und durch einen wechselvollen Aufstiegskampf bedingt, lernt sie viele verschiedene Männer unterschiedlichster sozialer Herkunft kennen und zieht durch Cafés, Kaba-

---

[1] Irmgard Keun: „Das kunstseidene Mädchen". Leipzig 2004
[2] Stefanie Arend / Ariane Martin (Hrsg.): „Irmgard Keun 1095/2005, Deutungen und Dokumente". Bielefeld 2005, S.45, Z.6-8

retts und Kinos. Doris steht immer wieder an dem Nullpunkt ihrer Karriere und findet sich schlussendlich ohne weitere Zukunftsperspektiven im Wartesaal wieder, dort wo ihre Reise begonnen hat.

## 2.2 „Frühlings Erwachen"

Die 1891 von Frank Wedekind verfasste Kindertragödie „Frühlings Erwachen"[3] thematisiert das Erwachen der Sexualität einer von Schule und Eltern verständnislos behandelten Jugend.[4]

Der Gymnasiast Melchior Gabor verfasst auf Wunsch seines unaufgeklärten und besten Freundes Moritz Stiefel einen Aufklärungsbrief und lässt ihn Moritz zukommen. Dieser wird hierdurch jedoch verstärkt vom Lernen abgelenkt, sodass er nicht versetzt wird. Um seinen Eltern diese Schande zu ersparen, bittet er Frau Gabor um Geld zur Flucht nach Amerika, jedoch verweigert sie ihm dieses und Moritz versinkt in tiefen Depressionen, die im Selbstmord enden. Nicht einmal das lebensfrohe Künstlermodell Ilse hat ihn davor bewahren können.

Währenddessen möchte Wendla Bergmann von ihrer Mutter aufgeklärt werden. Frau Bergmann gibt ihr jedoch nur vage Antworten, sodass Wendla kurze Zeit später schwanger wird. Ihre Mutter möchte diesen Skandal vertuschen, indem sie eine Abtreibung organisiert. Durch die Folgen dieser stirbt Wendla.

Melchior wird indessen von der Schule für Moritz' Selbstmord verantwortlich gemacht und von seinen hilflosen Eltern in eine Korrektionsanstalt geschickt. Er flüchtet von dort und wird, als er an dem Friedhof vorübergeht, von seinem toten Freund Moritz in seinen Überlegungen bestärkt, Suizid zu begehen. Jedoch stellt ein vermummter Herr sich Moritz' Verführungen entgegen, bis Melchior ihm schließlich von den Gräbern fort und zurück ins Leben folgt.

## 3. Analyse der Protagonistinnen

### 3.1 „Doris" – „Das kunstseidene Mädchen"

Die Protagonistin Doris aus Irmgard Keuns Roman „Das kunstseidene Mädchen" durchläuft im Laufe des Romans eine Entwicklung. Sie orientiert sich maßgeblich am Film und vieles ihrer Verhaltensweisen und Wünsche „bestreitet sich aus dem, was sie auf der Leinwand gesehen hat"[5], ebenso der Wunsch in Berlin ein „Glanz" zu werden, d.h. einen besonders hohen ökonomischen Standard zu erreichen.

---

[3] Wedekind, Frank: „Frühlings Erwachen". Stuttgart 2010
[4] vgl. http://www.referate10.com/referate/Literatur/38/Inhaltsangabe--des-Dramas---Fruhlings-Erwachen--von-Frank-Wedekind-reon.php,  [ Zugriffsdatum : 26.02.2012]
[5] Klotz, Volker: „ Forcierte Prosa. Stilbeobachtungen an Bildern und Romanen der Neuen Sachlichkeit". In: Schönhaar, Rainer (Hrsg.):"Dialog". Berlin 1973, S.261

Sie vergleicht sich bereits mit bekannten Schauspielerinnen, bezieht sich jedoch ausschließlich auf Äußerlichkeiten und Besitztümer[6]. Dies wird auch in ihren übrigen Beschreibungen deutlich, sodass es dem Leser schwer gemacht wird, einen Blick in ihre Emotionen zu erhalten. Gleichzeitig spiegelt diese Tatsache ihre starke Fokussierung auf Materielles wider. Sehr prägnant wird dies, als sie sich von ihrem ohnehin geringen Gehalt, welches sie als Sekretärin verdient und von dem sie, trotz ihrer Unabhängigkeit von ihren Eltern, einen Großteil an dieselben abgibt, um für deren finanzielle Absicherung zu sorgen, einen „einen Hut mit Feder"[7] kauft, der ihr nach eigener Aussage vorzüglich zu ihrem blassen Teint steht. Sie legt sehr großen Wert auf ihr Aussehen und lässt Gegenständen eine hohe Wertschätzung zukommen. Dies verdeutlicht ihre Prägung durch das kapitalistische System. Doris ordnet ihre Wahrnehmungen nach kommerziellen Gesichtspunkten und nutzt diese als Indizien für Wohlstand (vgl. S.6, Z.1-9).

Ebenso, wie sie ihre zahlreichen Beobachtungen analysiert, wertet sie ihre eigenen Handlungs- und Verhaltensweisen mit mitleidloser Schärfe und ist bemüht, sich durch „eine betont sachliche Haltung der Realität gegenüber zu behaupten."[8] Diese nüchterne Betrachtungsweise misslingt ihr dennoch öfter als sie denkt. Sehr anschaulich wird dies, als sie ihre Trauer über den Abschied ihres Freundes herunterspielt.

*„Also ich hatte nichts dagegen, dass er eine nehmen wollte mit Pinke und so – aus Ehrgeiz und wegen weiterkommen, wofür ich immer Verständnis habe (...)"*[9]

Ihre nüchterne Tarnschicht, welche unter normalen Bedingungen standhält, beginnt bei dem Treffen mit ihrer Freundin abzublättern und ihre emotionale Seite wird sichtbar.

*„Und heulte Tränen in den Kaffee und musste mir mit echt waschledernen Handschuhen immerzu die Nase wischen, weil ich gerade kein Taschentuch da hatte und Therese ihr's voll Stockschnupfen war. Und heulte Tränen auf das neue Kleid – und hätte nur noch gefehlt, dass die Tupfen nicht waschecht waren und ausgingen und zu allem anderen mein lachsfarbenes Kombination mit verfärbten."*[10]

Doris kämpft einen lautlosen Kampf gegen Sentimentalität, indem sie ihre Gefühlsausbrüche auf Materielles umleitet und eine „Überspielung des Tränengrundes in die Tränenfolge"[11] hervorruft.

---

[6] vlg. Keun, Irmgard: „Das kunstseidene Mädchen". Leipzig 2004, S.4, Z.7; Vergleiche werden im Folgenden direkt im Text vermerkt.
[7] Ebd., S.5, Z.17-19
[8] Rosenstein, Doris: „Irmgard Keun. Das Erzählwerk der dreißiger Jahre". Frankfurt am Main 1991, S. 13
[9] Keun 2004, S.11, Z. 9-11
[10] Ebd., S.11, Z. 31-37
[11] Klotz 1973, S. 264

Anstelle ihres Freundes erhält nun der Feh, ein stattlicher Pelzmantel, eine bedeutende Rolle in ihrem Leben. Er hilft ihr über ihre Trauer hinweg, macht sich als Statussymbol häufig nützlich und stellt für sie fast einen lebendigen Partner dar (vgl. S.37, Z.1-3).

Trotz ihrer Trauer und ihrer mitleidslosen Analyse ist Doris eine lebensmuntere Persönlichkeit. Dies wird durch ihre humorvollen Anmerkungen (vgl. S.65, Z.5-10), den ausgelassenen Lebensstil (vgl.S.6, Z.25) und ihren Blick, welcher sich in die Zukunft richtet, zum Ausdruck gebracht.

> „ (...) und habe mir einen Schwur gemacht – nämlich, dass ich nicht eine sein will, die man auslacht, sondern die selbst auslacht." [12]

Da sie sich das Paradigma, nie mehr arbeiten zu wollen, zu eigen macht, erkennt sie, trotz ihrer mangelnden Bildung (vgl. S.43, Z.11-26), dass sie diese Zukunft nur über einen vermögenden Liebhaber erreichen kann, da ihr Körper ihr einziges Kapital darstellt. Dies erklärt, weshalb Materielles für sie einen höheren Stellenwert als Moral einnimmt, da sie sich nur so bei Männern attraktiv darstellen kann. Ebenfalls erklärt es die für ihr Alter erstaunlich vielen sexuelle Erfahrungen, welche für sie selbstverständlich einen Aspekt ihres Lebens darstellen. Ebenso wie Ilse betrachtet Doris diese nicht als verwerflich, sondern empfindet sie als lustvoll (vgl. S.59, Z.1-9).

Da es ihr misslingt, sich als „Glanz" zu etablieren, ist sie bemüht, sich durch die Verwendung von Metaphern (vgl. S.34, Z.24-25) momentweise auf den ersehnten Status des „Glanzes" zu heben. Durch jene versucht sie, von oben herab zu benennen, worin sie befangen ist, und den scheinbaren Eindruck von Überlegenheit zu erzeugen. Desweiteren unterstreichen die Metaphern ihr Bemühen, wie im Film zu schreiben, damit, wenn sie später in ihrem Tagebuch liest, das nach ihrer eigenen Aussage vielmehr ein Drehbuch darstellt, „alles wie Kino"[13] ist und sie ihr Leben in möglichst glanzvollen Bildern vorfindet. Auf diesen Glanz legt sie am Ende des Romans jedoch nur noch sporadisch Wert und sie beginnt langsam zu begreifen, dass ein glückliches Leben nicht ausschließlich von ökonomischem Ansehen abhängig ist.

## 3.2 „Ilse" – „Frühlings Erwachen"

Die Episodenfigur Ilse aus Frank Wedekinds Kindertragödie „Frühlings Erwachen" tritt als eine der „unterbürgerlichen Schicht"[14] Angehörige, ebenso lebensfrohe junge Frau wie Doris auf. Dies spiegelt sich bereits in ihrer Kleidung wider, da sie „ein bun-

---

[12] Keun 2004, S.54, Z.36-38
[13] Ebd., S.4, Z.6-10
[14] Fleischer, Carolin: „What's love? Typologie der Liebe in Frank Wedekinds „Frühlingserwachen"".
München 2004, S.5

tes Tuch um den Kopf"[15] trägt. Ohne Angst davor zu haben, Aufsehen zu erregen, hüllt sie sich in bunte, Lebensmut ausdrückende Stoffe. Hierdurch lässt sich auf ihr ausgeprägtes Selbstbewusstsein schließen, welches ihre Handlungen ebenfalls ausdrücken. Ilse entzieht sich der schützenden Hand ihrer Eltern, indem sie z.b. vier Tage nicht nach Hause kommt[16], und ist stolz auf ihre Unabhängigkeit von ihnen. Ihre Aussage „(…) weil ich meine Ballschuhe anhabe. – Mutter wird Augen machen!"[17] zeigt, dass ihr die Anerkennung ihrer Mutter dennoch sehr wichtig ist. Zudem wird der hohe Stellenwert, den Materielles in ihrem Leben einnimmt, zum Ausdruck gebracht, welcher jedoch moralischen Werten unterstellt bleibt.

> „(…) Sie brachten mich zur Hauptwache. Da kamen Nohl, Fehrendorf, Padinsky, Spühler, Oikonomopulos, die ganze Priapia, und bürgten für mich. (…) Seither bin ich der Horde treu. Fehrendorf ist ein Affe, Nohl ist ein Schwein, Bojokewitsch ist ein Uhu, Loison eine Hyäne, Oikonomopulos ein Kamel – darum liebt ich sie doch, einen wie den anderen, und möchte mich an sonst niemanden hängen, und wenn die Welt voll Erzengel und Millionäre wär!"[18]

Anders als Doris beurteilt Ilse Menschen nicht nach ihrem Vermögen, sondern achtet sie aufgrund ihrer Charakterstärke, welche für sie, im Gegensatz zu Doris, wichtiger ist als ökonomisches Ansehen.

Eine Parallele zu Doris spiegelt sich in der vielen Zeit wider, die sie in der lebensfreudigen Großstadt verbringt. Dort wird sie von den Künstlern der „Priapia" für Geld gemalt und dient ihnen gleichzeitig als „Freudenmädchen"[19] (vgl. S.46-48, Z.28-2). Sie lässt sich ebenso wenig wie Irmgard Keuns Protagonistin an gesellschaftliche Vorschriften binden und möchte ihre Existenz gleichermaßen aus eigener Kraft sichern (vgl. S.47, Z.15f.). Ihr Einkommen scheint jedoch sehr gering zu sein, da sie „abgerissene(n) Kleider(n)"[20] trägt und gezwungen ist, bei den Künstlern der „Priapia" zu übernachten (vgl. S.47, Z.5-10). Ungeachtet dieser Lebensumstände genießt Ilse ihr Leben und liebt es wie Doris, in den Tag hineinzuleben. Trotz ihrer lebensfrohen Einstellung, welche teilweise bereits naiv wirkt, macht sie sich keine Illusionen über ihr Leben und geht davon aus, dass „ihrem freizügigen Lebenswandel keine lange Zukunft beschert sein"[21] werde (vgl. S.49, Z.24).

Ihre Selbstbestimmtheit drückt sich auch in dem „Anspruch auf erotische und sexuelle Erfahrung"[22] aus. Hiervon zeugen ihre Nebentätigkeit als Prostituierte und ihr Angebot gegenüber Moritz Stiefel, welches sie „andeutungsweise und unter Ver-

---

[15] Wedekind 2010, S.46, Z.5
[16] Vgl. ebd., S.46, Z.17, Vergleiche werden im Folgenden direkt im Text vermerkt.
[17] Ebd., S.46, Z.19f.
[18] Ebd., S.49, Z.1-11
[19] Fleischer 2004, S.5
[20] Wedekind 2010, S.46, Z.5
[21] Möbius, Thomas: „Königs Erläuterungen und Materialien, Frühlings Erwachen". 2., ergänzte Auflage. Hollfeld 2002, S.37
[22] Rosenstein 1991, S.13

wendung infantiler Sprache"[23] macht (vgl. S.49, Z.15-24). Im Gegensatz zur damaligen Gesellschaft empfindet sie dies nicht als verwerflich, sondern als etwas von Liebe Unabhängiges und Lustvolles (vgl. S.46-47, Z.35-2). Ihre Missachtung der bürgerlichen Moral drückt sich auch in den klaren Formulierungen ohne Fremdworte aus, mit denen sie über das damals der Verschwiegenheit unterliegende Thema redet. Letzteres kann jedoch ebenso auf ihre niedrige Bildung zurückgeführt werden, welche sie allgemein als müßig betrachtet (vgl. S.47, Z.11-15). Ilse glaubt, trotz einiger unzumutbarer Erfahrungen (vgl. S.48, Z.9-34), an das Gute im Menschen. Ihre Charakterstärke stellt sie unter Beweis, als sie Moritz im Gegensatz zu allen anderen nicht verachtet, nachdem dieser Suizid begangen hat, sondern eine „Fülle frischer Anemonen auf den Sarg regnen"[24] lässt. Die symbolische Bedeutung der Anemonen als Hoffnungsträger[25] spiegelt zudem ein weiteres Mal ihre Funktion als Symbol des Lebens (vgl. S.81, Z.20-22) und ihre positive Einstellung zu demselben wider. Moritz beschreibt sie letztendlich am treffendsten mit den Worten:

*„Dieses Glückskind, dieses Sonnenkind – dieses Freudenmädchen (...)"[26]*

Denn genau das ist sie. Eine junge Frau, die auf ihr Glück vertraut und einen freudigen Sonnenstrahl in dem Herz des Lesers aufleuchten lässt.

## 4. Die Rolle der Protagonistinnen in der Gesellschaft

## 4.1 Gesellschaftliches Frauenbild 1891

Offiziell waren Frauen und Männer 1891 vor dem Gesetz gleich. Dies bedeutete jedoch keine faktische Gleichheit in der Gesellschaft. In dieser stellte der Mann das Familienoberhaupt dar und meldete auch gegenüber der Frau „ungeniert seine Herrschaftsansprüche an."[27] Diese sollte sich ihm unterordnen, ihm als fürsorgliche Gehilfin[28] zur Verfügung stehen und seinen Wünschen nachkommen. Im Zuge dessen verlagerten sich ihre Aufgaben in „zunehmenden Maße auf eine eher unsichtbare Ebene, auf das leise und immer bereite Dasein für die Familie."[29]

---

[23] Möbius 2002, S.67
[24] Ebd., S.60, Z.8f.
[25] http://blumensprache.blogspot.com/2010/02/anemone.html [ Zugriffsdatum: 22.02.2012]
[26] Wedekind 2010, S.50, Z.6f.
[27] Fertig, L.: „Zeitgeist und Erziehungskunst". Darmstadt 1984, S.81
[28] Milde, Caroline S.J.: „Der deutschen Jungfrau Wesen und Wirken. Winke für das geistige und praktische Leben". Leipzig 1872. In: Häntzschel, Günter: „Bildung und Kultur bürgerlicher Frauen 1850-1918. Eine Quellendokumentation aus Anstandsbüchern und Lebenshilfen für Mädchen und Frauen als Beitrag zur weiblichen literarischen Sozialisation". Tübingen 1986, S.261
[29] Lissner, Anneliese; Süssmunth, Rita; Walter,Katrin: „Frauenlexikon". Freiburg 2002, S.379

Berufstätigkeit von Frauen wurde nicht geschätzt, stattdessen sollten sie als Hausfrau verfügbar sein und eine Vielzahl an Kinder großziehen. Die allgemeine Gültigkeit dieser Ansicht wird durch einen Eintrag im Brockhaus Lexikon bestätigt:

*„Alle die körperlichen und geistigen Eigentümlichkeiten, durch die sich das Weib vom Manne unterscheidet, stehen im innigsten Zusammenhang mit der Bestimmung derselben, Mutter zu werden."*[30]

Eine schulische Bildung wurde lediglich anerkannt, wenn diese auf die Rolle als Hausfrau und Erzieherin vorbereitete, da der „Zweck der weiblichen Erziehung nicht die Entwicklung der Intelligenz, sondern des Gemüts sei."[31] Wenn dieses mehrheitlich unterwürfige Eigenschaften wie Güte, Fügsamkeit und Bescheidenheit umfasste, wurden Frauen als weiblich betrachtet.

Einen weiteren Aspekt für die Vollkommenheit der Weiblichkeit stellte die frühzeitige Eheschließung dar. Unverheiratete Töchter galten als Schande für die Familie[32], wobei eine Heirat kein Liebesglück bedeutete, sondern als ökonomische Absicherung notwendig war.

Ebenso unerwünscht war das Ausleben von Sexualität vor der Heirat, welche selbst in der Ehe verdrängt wurde, solange sie nicht der Fortpflanzung diente.

Die Ehre der Frau war aufgrund ihres beschränkten Handlungsbereiches durch die populäre These „separate spheres"[33], welche Männern und Frauen streng getrennte Handlungsräume zuschreibt, an den Mann gebunden, sodass sie in einer weiteren Hinsicht abhängig von ihm war. Statt sich konsequent für die ihnen gesetzlich zustehende Gleichberechtigung einzusetzen, akzeptierte die Majorität der Frauen die herrschenden Verhältnisse und arrangierte sich mit ihrer benachteiligten sozialgesellschaftlichen Rolle.

## 4.2 Gesellschaftliches Frauenbild 1932

Das 1932 von der Gesellschaft anerkannte Frauenbild ist nahezu identisch mit dem von 1891. Weiterhin wurde die Frau als hingebungsvolle Gattin und Mutter gesehen, die durch den Mann als Ernährer beschützt werden musste.[34] Ferner wurde ihr „durch Konventionen und gesetzliche Bestimmungen (...) eine zweitrangige Position zugewiesen."[35] Statt sich gegen diese aufzulehnen, beharrte die Mehrheit der Frau-

---

[30] Brockhaus Lexikon Eintrag, 1898. In: Frevert, Ute: „Frauen-Geschichte zwischen Bürgerlicher Verbesserung und Neuer Weiblichkeit". Frankfurt am Main 1995, S.38
[31] Loerzer, Sven: „Große Frauen unserer Zeit". Bindlach 1992, S.28
[32] Vgl. Daffa, Agni (Hg.): „Frauenbilder in den Romanen Stine und Mathilde Möhring". Frankfurt am Main 1998, S.38
[33] Eine ausführliche Diskussion der Entwicklung und Bedeutungsgeschichte des Begriffs findet man in: Frevert 1995, S.13-60
[34] Kienle, Else: „Frauen". Berlin 1932, S.199
[35] Rosenstein 1991, S.41

en auf alte Traditionen, da durch den Krieg ein Frauenüberschuss vorhanden war und sie einlenken mussten, um einen dauerhaften Partner zu finden und ökonomisch abgesichert zu sein.

Entgegen den Fortschritten in Bezug auf Frauenwahlrecht und Berufstätigkeit lebten längst überholt geglaubte Ansichten wieder auf. Besonders die fortschrittlich gedachte Sexualmoral erwies sich als instabil. Thesen über „Asexualität" (keine sexuellen Triebkräfte) und „Pansexualität" (Tendenz zur Dirne) waren allgemein kaum noch vertreten, jedoch durften „Frauen aus „guten Kreisen" keine Sexualität besitze[n] (...), solange sie nicht verheiratet" waren.[36] Aus diesem Grund unterlagen wilde Ehen und freie Liebe weiterhin der gesellschaftlichen Ächtung.[37] Eine von Alice Rühle-Gerstel durchgeführte Umfrage bestätigte dies, da Sexualität von den meisten Frauen nur innerhalb einer festen Lebensgemeinschaft als wünschenswert empfunden wurde.[38]

In den 1920er Jahren entwickelte sich jedoch in den USA ein völlig neuer Frauentyp. Die sogenannten „girls" zeichneten sich besonders durch Optimismus, Aktivität und selbstbewusstes Agieren aus. Sie forderten Gleichberechtigung, waren aufgeklärt, skeptisch und lebenshungrig zugleich, wollten „nicht nur in der Mutterschaft den Beruf" finden[39] und traten dem Mann als Kameradin gegenüber. Durch die ökonomischen Verknüpfungen zwischen Deutschland und den USA etablierte sich das „girl" auch in Deutschland und wurde zum internationalen Leitbild der Frau.[40] Hierbei handelte es sich jedoch in erster Linie um eine „modische Übernahme der äußeren Erscheinungsform"[41]. Aus dem „girl" entwickelte sich das „flapper", eine Variante des „girl", welche mehr auf die im Alltag umsetzbaren Aspekte ausgerichtet war. Dennoch entsprach auch dieser Frauentyp vollkommen der „zynischen Munterkeit der Roaring Twenties"[42] in Amerika und zeichnete sich durch ein sehr temperamentvolles Gemüt aus. Dieses spiegelt sich auch in ihrem äußeren Erscheinungsbild wider, welches Fritz Giese sehr treffend beschreibt:

> „[Der] Bubikopf, der bestimmte modische Universalschnitt, die bestimmte modische „schlanke" Linie, der Sportkörper ohne Fett und erotische Fraulichkeit"[43]

waren charakteristisch für beide Frauentypen. Da sowohl ihr Erscheinungsbild als auch ihr Handeln in jeglicher Hinsicht mit den traditionellen Normen brach, sah sich die „Neue Frau" durch die „Hüter" der deutschen Kultur einer starken Kritik und teil-

---

[36] Zweig, Stefan: „Die Welt von gestern. Erinnerungen eines Europäers". Frankfurt 1962, S.96
[37] Vgl. Frank, F.: „Der Zuhälter". In: „Die Weltbühne", Nr. 27. 1931, S.326f.
[38] Vgl. Rühle-Gerstel, Alice: „Das Frauenproblem der Gegenwart". Leipzig 1932, S.190
[39] Giese, Fritz: „Girlkultur". München 1925, S.141
[40] Vgl. Rosenstein 1991, S.15
[41] Ebd., S.16
[42] Patalas, Enno: „Sozialgeschichte der Stars". Hamburg 1963, S.108
[43] Giese 1925, S.139

weise konsequenter Ablehnung ausgesetzt. Aus diesem Grund und des bereits an-
gesprochenen Frauenüberschusses geriet der neue Typus Frau in Vergessenheit
und beschränkte sich in den 1930er Jahren auf eine Minorität von Frauen.

**4.3 Ilse und Doris – traditionelle Frauen von 1891/1932?**

Ilse entspricht in keinster Weise der in der Gesellschaft anerkannten Frau. Bereits
ihre Berufstätigkeit als Künstlermodell zeigt dies. Indem sie selbstständig für ihre
finanzielle Absicherung aufkommt und diese nicht von einem Mann abhängig macht,
grenzt sie sich von der Majorität der Frauen ab. Zudem zieht sie keine zusätzliche
Absicherung durch eine Heirat in Erwägung und lebt stattdessen ihre Sexualität frei
aus. Sie macht sich diese zum Lebensprinzip[44] und unterwirft sich nicht der „Erziehung, die natürliche sexuelle Gefühle aus dem Leben des Menschen verdrängt"[45].
Ilse trotzt dem bürgerlichen Anstand ebenfalls, indem sie Erotik und Sexualität am
hellen Tage öffentlich thematisiert und nicht der „weiblichen" Fügsamkeit und Un-
terwürfigkeit nachkommt. Sie fügt sich keinen unangenehmen Situationen (vgl. S.48,
Z.33-36) und treibt Späße mit Männern, statt sich ihren „Herrschaftsansprüchen" zu
unterwerfen (vgl. S.46, Z.29-35).

Ilse ist für ihre Ehre selbst verantwortlich und zeigt keine Absichten, diese Verant-
wortung durch einen Ehevertrag abzutreten und ersatzweise den Pflichten einer
Hausfrau und Mutter nachzukommen. Vielmehr genießt sie es, dem „immer berei-
te(s)[n] Dasein für die Familie"[46] nicht nachkommen zu müssen. Dies spiegelt sich
z.B. in der vielen Zeit wider, die sie nicht bei ihrer Familie, sondern in der Großstadt
verbringt. Sie deshalb jedoch als lieblosen Menschen zu bezeichnen, wäre nicht
richtig, da Liebe eine maßgebliche Charaktereigenschaft von ihr ist. Diese kon-
zentriert sich jedoch im Gegensatz zu den Erwartungen nicht aufopferungsvoll auf
eine Person. Ihre Liebe ist eher als eine allgemeine Liebe gegenüber den Menschen
und dem Leben zu sehen (vgl. S.60, Z.8/28).

Auch Doris entspricht nicht dem traditionellen gesellschaftlichen Frauenbild. Bereits
ihre aktive Charaktereinstellung steht der „weiblichen" Passivität gegenübersteht.
Diese äußert sich besonders in ihrem, dem von Ilse sehr ähnlichen, ausgelassenen
Lebensstil (vgl. S.6, Z.25), den sie ebenfalls nicht gewillt ist, gegen eine Rolle als
Hausfrau und Mutter einzutauschen, da dies ihren Aufstiegstraum behindern würde.
Obwohl sie sich im Gegensatz zu Ilse nach Geborgenheit durch einen Mann sehnt
(vgl. S.81, Z.32-34), zieht sie keine Ehe in Betracht, da sich diese nicht mit ihrem
Wunsch vereinbaren lässt, ihre Existenz aus eigener Kraft zu sichern.

---

[44] Vgl., Möbius 2002, S.47
[45] Ebd., S.21
[46] Fertig 1984, S.81

Der Widerspruch zum gängigen Frauenbild wird ebenfalls durch ihre Vorstellung von freier Sexualität deutlich. Diese steht den traditionellen Normen entgegen (vgl. S.12, Z.8-13) und sie bekommt die gesellschaftliche Ächtung häufig zu spüren (vgl. S. 51, Z.29-35). Sie stellt die allgemeine Einstellung, die „Liebe" als Geschäft betrachtet und sinnliche Liebe als unerfreulichen Komplex in das Unterbewusstsein abdrängt[47], in ein kritisches Licht (vgl. S.50, Z.21-26). Besonders deutlich wird dies, als sie mit „dem Schönen" schläft, weil er ihr gefällt (vgl. S.51, Z.14-24).

Viel mehr als an das traditionelle Frauenbild erinnert Doris an den „vitalen amerikanischen Mädchentyp der 20er Jahre".[48] Sie sieht den Mann als Kameraden an, dem sie sich nicht unterwirft (vgl. S. 12, Z.21), und auch ihr ausgeprägter Optimismus und Lebenshunger, ebenso wie ihr äußeres Erscheinungsbild[49] erinnern an das „flapper".

> „Also liebes Kind, Sie haben eine sehr schöne Figur, aber ein bisschen spillrig, das ist gerade modern"[50]

Weder Doris noch Ilse entsprechen mit diesen Ansichten dem anerkannten Frauenbild und gehören zu einer Minorität von Frauen, die sich nicht mit ihrer passiven, untergeordneten Rollenzuschreibung arrangieren und sich gegen diese auflehnen.

### 4.4 Stellen Ilse und Doris gesellschaftliche Außenseiterinnen dar?

Ist es nun möglich Ilse und Doris als gesellschaftliche Außenseiterinnen zu bezeichnen? Um dies beurteilen zu können, ist es notwendig, zunächst zu klären, wodurch sich ein Außenseiter auszeichnet.

Der Begriff bezieht sich auf das Verhältnis zwischen Individuum und Gesellschaft und bezeichnet eine Randpersönlichkeit. Als Außenseiter gelten Individuen oder Gruppen, die „auf Grund besonderer Merkmale (Ablehnung geltender Normen und Rollenvorstellungen, abweichendes Verhalten (...)) (...) eine Randstellung einnehmen"[51]. Im alltäglichen Sprachgebrauch wird eine Person aufgrund ihrer materiellen Situation (Armut), mangelnden Chancen und Privilegien, wie z.B. fehlender Bildung, als Außenseiter bezeichnet. Hans Mayer unterscheidet weiterhin in seinem Aufsatz „Außenseiter"[52] zwischen intentionalem und existentiellem AußenseiterInnentum. Nach H. Mayer nimmt ein intentionaler Außenseiter seine Randposition freiwillig ein und ist prinzipiell in der Lage, seine anstößigen Eigenschaften zu verändern. Hinge-

---

[47]  Vgl. Mann, Heinrich: „Käufliche Dämonie". In: „Die Literarische Welt 7". 1931, Nr.40
[48]  Loos, Anita: „Gentlemen Prefer Blondes". New York 1925
[49]  Giese 1925, S.139
[50]  Keun 2004, S.57, Z.35-36
[51]  dtv-Brockhaus Lexikon in 20 Bänden. Wiesbaden 1986, Band 2, S.25
[52]  Mayer, Hans: „Außenseiter". Frankfurt am Main 1975, S. 13

gen kommt einem existentiellen Außenseiter allein durch seine Existenz eine Randposition zu.

Bezieht man die konkrete Bedeutung des Begriffs auf die beiden Protagonistinnen,
so mag der erste Eindruck überraschen. Oberflächig betrachtet besitzt Doris eine
Vielzahl an sozialen Kontakten. Bei genauerem Hinsehen fällt jedoch auf, dass ihre
Freundin Therese und ihre Mutter die einzigen Menschen sind, die ihr wirklich nahe
stehen. Diese sind jedoch unerreichbar weit von Berlin entfernt (vgl. S.49, Z.14-16)
und ihre Sozialkontakte in Berlin bleiben wechselhaft und flüchtig.

Dies trifft auch auf Ilse zu. Sie scheint eine Fülle an sozialen Kontakten zu haben,
bestehend aus der „Priapia", ihrer Mutter und ehemaligen Schulkameraden. Sie
verweilt jedoch nur kurz bei demselben Maler, sodass ihre Kontakte aus der Großstadt eher flüchtiger Natur sind. Ihre ehemaligen Schulkameraden sieht sie fast nie,
weshalb sie kaum etwas über ihr Ergehen weiß (vgl. S.47, Z.11f.). Ihre Mutter stellt
die einzige Person dar, die ihr nahe zu stehen scheint und von der sie möchte, dass
sie stolz auf sie ist (vgl. S.46, Z.19f.), obwohl sie sie aufgrund der kurzen Episoden,
die sie zu Hause verbringt, kaum sieht. Einen weiteren Aspekt, der für ihre Rolle als
Außenseiterin bezeichnend ist, stellt ihre Zugehörigkeit zu der Minorität von erwerbs-
tätigen Frauen dar, welche nicht als Dienstmädchen arbeiten.

Im Gegensatz zu Ilse macht Doris sich das Paradigma zu eigen, nie mehr arbeiten
zu wollen (vgl. S.130, Z.19f.). Dennoch verfolgt sie, wie viele Mädchen in den 20er
Jahren, das Ziel, ein „Glanz" zu werden. Diesen Wunsch verfolgte in den 30er Jahren jedoch nur noch eine Minderheit von Frauen, wodurch sie einer Randgruppe
angehört. Auch Doris' geradezu provokatives Ausleben von Sexualität, welches von
der Gesellschaft verachtet wurde, spricht für ihre Außenseiterinnenrolle.

Ilses Position als Randpersönlichkeit wird hierdurch ebenfalls deutlich und durch ihr
offenes Sprechen über das von der bürgerlichen Moral tabuisierte Thema verstärkt.
Ihr expressiver Lebensstil, welcher besonders durch das Umherziehen durch zahl-
reiche Kneipen (vgl. S.48, Z.2f.) deutlich wird, festigt den Eindruck ihrer Außenseiterinnenrolle. Ihre Armut, die durch ihre abgerissene Kleider (vgl. S.46, Z.5) hervor-
gehoben wird, bestätigt dies ebenfalls. Einzig ihr Mangel an Bildung widerspricht
diesem Eindruck, da gebildete Frauen eine Minorität darstellten.

Hingegen stellt Doris' Ungebildetheit, ebenso wie ihre Armut, ein augenfälliges
Merkmal für ihre Rolle als Randpersönlichkeit dar. Sie besitzt wenige materielle Güter (vgl. S.76, Z.19f.), keine Allgemeinbildung und keine Privilegien. Da sie meint,
etwas Besonderes in sich zu erkennen, ihre materielle Situation und ihr Mangel an
Bildung dies jedoch nicht widerspiegeln, hat sie das Gefühl, sich mit keiner Gruppe
von Menschen identifizieren zu können.

*„Aber das ist es ja eben, ich habe keine Meinesgleichen, ich gehöre überhaupt nirgends hin."*[53]

Aus ihrer eigenen Reflexion ist verstärkt auf Doris' Rolle als gesellschaftliche Außenseiterin zu schließen.

Durch ihre Lebensweisen und Einstellungen stellen Doris und Ilse Außenseiterinnen dar, wobei Ilse prinzipiell die Möglichkeit hat, ihren extraordinären Lebensstil einzudämmen und sich den gesellschaftlichen Normen anzupassen, indem sie zu Hause bliebe und sich auf ihre spätere Rolle als Hausfrau vorbereiten würde. Sie hat ihre Rolle als Außenseiterin selbst gewählt, wodurch sie dem intentionalen Außenseiterinnentum zugeordnet werden kann.

Doris Außenseiterinnentum kann hingegen nicht klar bestimmt werden. Irmgard Keun hat in „Gilgi – eine von uns" eine Gegenspielerin zu Doris geschaffen. Gilgi vermeidet durch Disziplin und Arbeit viele der Härten, denen Doris ausgesetzt ist. Dies spricht für ein intentionales Außenseiterinnentum Doris', da ihre Situation prinzipiell veränderbar ist. Jedoch stellt ein Leben, wie Gilgi es führt, durch die perspektivarme Lebensrealität von Doris am Ende der Weimarer Republik keine attraktive Alternative dar. Aus diesem Grund beschreibt Doris einen Grenzfall zwischen intentionalem und existentiellem Außenseiterinnentum, bei dem das intentionale nur als rein theoretische Möglichkeit besteht.

## 4.5 Rolle von Männern in Ilses und Doris' Leben

Auf den ersten Blick scheinen Ilse und Doris ihr Leben vollkommen eigenständig gestalten zu können. Sie halten sich dort auf, wo sie glücklich sind, scheinen von niemandem abhängig zu sein und strahlen viel Lebensfreude aus. Doch sind sie wirklich so unabhängig und ihre Leben so selbstbestimmt, wie es scheint? Betrachtet man die Rolle, welche Männer in ihren Leben einnehmen, so verblasst der Eindruck von einer selbstbestimmten Lebensführung.

Ilses soziale Kontakte bestehen fast ausschließlich aus Männern. Ein Großteil von ihnen gehörte der Künstlervereinigung „Priapia" an, für welche sie als Künstlermodell tätig ist. Ihr Einkommen ist ebenso von den Modellaufträgen der Künstler abhängig, wie ihre Übernachtungsmöglichkeiten an das Wohlwollen derselben gebunden sind. Ohne sie müsste sie auf der Straße schlafen und wäre existenzlos. Ihr freches Verhalten gegenüber den Künstlern (vgl. S.46, Z.30-35) kann sie sich nur erlauben, wenn sie die anschließenden Folgen, welche meist sexueller Natur sind (vgl. S.47, Z1f.), akzeptiert, um ihr Wohlwollen wiederzuerlangen. Hierdurch erscheinen auch ihre zahlreichen Erfahrungen in einem neuen Licht. Es lässt sich

---

[53] Keun 2004, S.128, Z.7-9

vermuten, dass sie gewissermaßen gezwungen ist, mit den Künstlern zu schlafen, um ihre vorangegangenen provokativen Handlungen auszugleichen. Ihre Eigenschaft, dieses als erstrebenswert und lustvoll anzusehen, ist ihr dabei sehr hilfreich. Wenn sie sich gegen diese Handlungen verschließen würde, fiele sie bei den Künstlern in Ungnade, denn wer engagiert gerne ein aufmüpfiges Modell, das keine Wiedergutmachungen unternimmt?

Um ihr Einkommen zu sichern, muss Ilse teilweise Zumutungen über sich ergehen lassen, wodurch ihre Abhängigkeit ein weiteres Mal deutlich wird. Besonders prägnant wird dies, als der Künstler Heinrich sie zwingt, „seinen persischen Schlafrock"[54] überzuwerfen, und perverse Scherze mit ihr treibt (vgl. S.48, Z.19f.).

Auch Doris' soziale Kontakte sind zu einem Großteil Männer. Von ihnen hängt die Erfüllung ihrer Grundbedürfnisse ab. Dies spiegelt sich bereits wider, als sie sich den Handlungen ihres Vorgesetzten widersetzt und daraufhin entlassen wird. Doris wartet auf einen Mann, der ihr aus ihrer Notlage hilft (vgl. S.16, Z.12-14), wodurch ihre Abhängigkeit deutlich wird. Auch auf den Erfolg ihres Aufstiegskampfes nehmen sie maßgeblich Einfluss. Ihr schauspielerisches Talent und ihre sachliche Einstellung gegenüber Männern ermöglicht es ihr, diese immer wieder zu beeindrucken, indem sie ihnen präzise ihre Vorstellungen von einer Frau vorspielt. Sie verwendet die männlichen Fiktionen, um sie für ihre Zwecke einzusetzen[55], und instrumentalisiert sie, um materielle Güter zu erhalten (vgl. S.7, Z.5-20). Der Erfolg dieses Systems fällt jedoch nicht immer so aus, wie Doris ihn sich erhofft. Deutlich wird dies, als sie einem Großindustriellen vorspielt, Jüdin zu sein.

> „Gott, ich bin`s nicht – aber ich dachte: wenn er das gern will, tu ich ihm den Gefallen – und sag: „Natürlich – erst vorige Woche hat sich mein Vater in der Synagoge den Fuß verstaucht."[56]

Hiermit fällt sie bei dem Großindustriellen jedoch in Ungnade. Ein Unterschied zu Ilse wird in dieser Situation ebenfalls anschaulich. Während diese versucht durch Männer ihre wirtschaftliche Unabhängigkeit zu sichern, nutzt Doris Männer als Vehikel für ihren Aufstieg. Außerdem liebt Ilse keinen der Männer, mit denen sie Kontakt hat und hegt nicht den Wunsch nach einer Liebesbeziehung. Hingegen sehnt Doris sich nach Geborgenheit durch einen Mann und verliebt sich im Laufe der Handlung zweimal. Auffällig ist, dass sie ihre sachliche Einstellung ablegt, sobald sie verliebt ist und die Beziehungen nicht für ihre Karriereziele ausnutzt. Hierdurch bleibt sie

---

[54] Ebd., S.47, Z.19f.

[55] Keck, Anette: „Vater unser, mach mir doch mit einem Wunder eine feine Bildung – das übrige kann ich ja selbst machen mit Schminke". In: Keun, Irmgard: „Das kunstseidene Mädchen", 6. Erweiterte Auflage. München 2004, S.223

[56] Keun 2004, S.27, Z.8-11

jedoch den Auswirkungen männlicher Vorherrschaft unterlegen. Diese können die Männer nach Belieben demonstrieren und können Doris durch das Ansprechen von traditionellen Normen aus ihrem Leben verdrängen und ihren Erfolg scheitern lassen (vgl. S.12, Z.8-13).

Die Abhängigkeit von Männern erscheint in einem solchen Maß, dass sich auch ihre Selbstdefinition am Mann orientiert. Ihr Selbstblick internalisiert die männliche Sichtweise, wie die Forschungsliteratur mehrfach anmerkt.

> „(...) she can ultimately represent herself only as the projection of the male gaze and define herself in reference to contemporary beauty ideals."[57]

Doris' und Ilses Abhängigkeit von den Launen der Männer, die sie nach Belieben mitnehmen, weitergeben oder ablegen können, lässt den Eindruck eines selbstbestimmten Lebens verblassen und die Achtung vor ihrer dennoch lebensfrohen Einstellung wachsen.

### 4.6 Sind Ilse und Doris emanzipiert?

Emanzipation bedeutet „Befreiung aus einem Zustand der Abhängigkeit"[58] und wird im alltäglichen Sprachgebrauch meist im Zusammenhang mit Frauenemanzipation verwendet. Diese hat in der heutigen Zeit besonders in den westlich geprägten Staaten weit um sich gegriffen.

Im Folgenden soll untersucht werden, ob Ilse und Doris ebenfalls als emanzipierte Frauen angesehen werden können.

Sehr prägnant ist, dass beide Protagonistinnen für ihre Zeit sehr fortschrittlich denken und handeln.

Ilse ist durch ihre Tätigkeit als Künstlermodell selbst für ihre finanzielle Absicherung verantwortlich, wodurch sich auf ihre ökonomische Unabhängigkeit schließen lässt. Desweiteren möchte sie nicht den traditionellen Vorschriften entsprechend, Hausfrau und Mutter werden. Ihre Vorstellungen von freier Sexualität, über die sie gegen das Gebot der bürgerlichen Moral offen spricht, können als fortschrittlich angesehen werden.

Ebenso gelten Doris' Vorstellungen von natürlicher Sexualität vor der Ehe und ihr Wunsch nach Selbstverwirklichung als fortschrittlich. Zudem ist sie nach eigener Aussage auf Frauenbewegung eingestellt (vgl. S.8, Z.2), wodurch der Eindruck des fortschrittlichen Denkens gestützt wird. Deutlich wird dies jedoch sehr selten, da sie sich weder für Bildung noch in der Politik einsetzt. Ihre politische Unaufgeklärtheit,

---

[57] Ankum, Katharina von: „Material Girls: Consumer Culture and the ‚New Woman' in Anita Loos' Gentleman Prefer Blondes and Irmgard Keun's Das kunstseidene Mädchen". In: „Colloquia Germanica", Nr. 27. 1994, S.167

[58] Dudenredaktion: „Duden. Die deutsche Rechtschreibung". Mannheim 2006, 24. Auflage, S.364

welche besonders anschaulich wird, als sie kurz nach ihrer Ankunft in Berlin weder den Grund für die Demonstration, noch die auftretenden Politiker erkennt, lassen Zweifel an ihrer Emanzipation aufkommen. Ihr Paradigma, nicht arbeiten zu wollen, verstärkt diese Zweifel zusätzlich.

Auch bei Ilse gerät der augenscheinliche Eindruck von Emanzipation ins Wanken, da auch sie sich weder für weibliche Bildung noch für politische Entscheidungen einsetzt.

Am drastischsten wird der vorgetäuschte Schein von Emanzipation jedoch, wenn man ihre Abhängigkeit von Männern betrachtet. Diese widerspricht illustrativ der Definition von Emanzipation, sodass weder Ilse noch Doris „(...) der emanzipierten Frau aus den Anfangsjahren der Frauenbewegung"[59] entsprechen und lediglich als fortschrittlich denkende Frauen gelten können.

## 5  Schluss

Ilse, ein Künstlermodell, und Doris, eine nach Glanz strebende Frau – zwei junge Persönlichkeiten, die durch Männer bestimmt werden, gesellschaftliche Außenseiterinnen darstellen, dennoch ihren Lebensmut nicht verlieren und  trotz vieler Gemeinsamkeiten unterschiedlicher nicht sein könnten.

Irmgard Keuns Roman mag als Mahnung verstanden werden, Menschen nicht nur nach ihrem Äußeren zu beurteilen und über gesellschaftliche Verhältnisse nachzudenken. Frank Wedekinds Protagonistin Ilse kann als Aufforderung aufgefasst werden, das Leben zu genießen und das Beste aus der gegebenen Situation zu machen. Trotz der beachtlichen Zeitspanne, die zwischen der heutigen Zeit und dem Veröffentlichen der Werke liegt, behandeln beide Autoren Themen, die auch heute aktuell sind.

Noch immer werden Menschen aufgrund ihres Aussehens beurteilt, nach ihrer „Brauchbarkeit" für die eigenen Zwecke eingeschätzt und diskriminiert. Zudem herrschen in zahlreichen Ländern weiterhin unstimmige gesellschaftliche Verhältnisse, wie z.B. die Unterdrückung von Frauen oder der ständig wachsende Leistungsdruck, wie z.B. in China oder im Leistungssport. Über diesen Arbeitsdruck vergessen zunehmend mehr Menschen die Schönheit des Lebens und erkranken am Burn-out-Syndrom. Ilse und Doris ermutigen dazu, sich - bis zu einem gewissen Punkt - über gesellschaftliche Normen hinwegzusetzen, das eigene Leben vermehrt selbst zu gestalten und sich nicht entmutigen zu lassen.

---

[59] Rosenstein 1991, S.13

# 6. Anhang

## 6.1 Literatur- und Quellenverzeichnis

### 6.1.1 Primärliteratur

1. Keun, Irmgard: „Das kunstseidene Mädchen". Leipzig 2004
2. Wedekind, Frank: „Frühlings Erwachen". Stuttgart 2010

### 6.1.2 Sekundärliteratur

3. Ankum, Katharina von: „Material Girls: Consumer Culture and the ‚New Woman' in Anita Loos' Gentleman Prefer Blondes and Irmgard Keun's Das kunstseidene Mädchen". In: „Colloquia Germanica", Nr. 27. 1994, S.167

4. Arend, Stefanie / Martin, Ariane (Hrsg.): „Irmgard Keun 1095/2005, Deutungen und Dokumente". Bielefeld 2005

5. Brockhaus Lexikon in 20 Bänden. Wiesbaden 1986, Band 2, S.25

6. Daffa, Agni (Hrsg.): „Frauenbilder in den Romanen Stine und Mathilde Möhring". Frankfurt am Main 1998

7. Dudenredaktion: „Duden. Die deutsche Rechtschreibung". Mannheim 2006, 24. Auflage

8. Fertig, L.: „Zeitgeist und Erziehungskunst". Darmstadt 1984

9. Fleischer, Carolin: „What's love? Typologie der Liebe in Frank Wedekinds „Frühlingserwachen"". München 2004

10. Frank, F.: „Der Zuhälter". In: „Die Weltbühne", Nr. 27. 1931, S.326f.

11. Frevert, Ute: „Frauen-Geschichte zwischen Bürgerlicher Verbesserung und Neuer Weiblichkeit". Frankfurt am Main 1995

12. Giese, Fritz: „Girlkultur". München 1925

13. Häntszchel, Günter: „Bildung und Kultur bürgerlicher Frauen 1850-1918. Eine Quellendokumentation aus Ansstandsbüchern und Lebenshilfen für Mädchen und Frauen als Beitrag zur weiblichen literarischen Sozialisation". Tübingen 1986

14. Keck, Anette: „Vater unser, mach mir doch mit einem Wunder eine feine Bildung – das übrige kann ich ja selbst machen mit Schminke". In: Keun, Irmgard: „Das kunstseidene Mädchen", 6. Erweiterte Auflage. München 2004

15. Kienle, Else: „Frauen". Berlin 1932

16. Klotz, Volker: „Forcierte Prosa. Stilbeobachtungen an Bildern und Roma-
    nen der Neuen Sachlichkeit". In: Schönhaar, Rainer (Hgg.): "Dialog". Ber-
    lin 1973, S.261

17. Lissner, Anneliese; Süssmunth, Rita; Walter, Katrin: „Frauenlexikon".
    Freiburg 2002

18. Loerzer, Sven: „Große Frauen unserer Zeit". Bindlach 1992

19. Loos, Anita: „Gentlemen Prefer Blondes". New York 1925

20. Mann, Heinrich: „Käufliche Dämonie". In: „Die Literarische Welt 7". 1931,
    Nr.40

21. Mayer, Hans: „Außenseiter". Frankfurt am Main 1975

22. Milde, Caroline S.J.: „Der deutschen Jungfrau Wesen und Wirken. Winke
    für das geistige und praktische Leben". Leipzig 1872

23. Möbius, Thomas: „Königs Erläuterungen und Materialien, Frühlings Er-
    wachen". 2., ergänzte Auflage. Hollfeld 2002

24. Patalas, Enno: „Sozialgeschichte der Stars". Hamburg 1963

25. Rosenstein, Doris: „Irmgard Keun. Das Erzählwerk der dreißiger Jahre".
    Frankfurt am Main 1991

26. Rühle-Gerstel, Alice: „Das Frauenproblem der Gegenwart". Leipzig 1932

27. Zweig, Stefan: „Die Welt von gestern. Erinnerungen eines Europäers".
    Frankfurt 1962

6.1.3 Internetquellen

28. http://blumensprache.blogspot.com/2010/02/anemone
    [Zugriffsdatum: 22.02.2012]

29. http://www.referate10.com/referate/Literatur/38/Inhaltsangabe--des-
    Dramas---Fruhlings-Erwachen--von-Frank-Wedekind-reon.php
    [Zugriffsdatum: 26.02.2012]